IDÉFIX®

ET LES IRRÉDUCTIBLES

Adapté de l'épisode « La compétition de Bastet » écrit par Marine Lachenaud et réalisé par Charles Vaucelle.

Novélisation : Catherine Kalengula.
Conception graphique : Yinan Chai.
Mise en pages : Léa Battikh.

Hachette Livre, 58, rue Jean-Bleuzen, 92178 Vanves Cedex

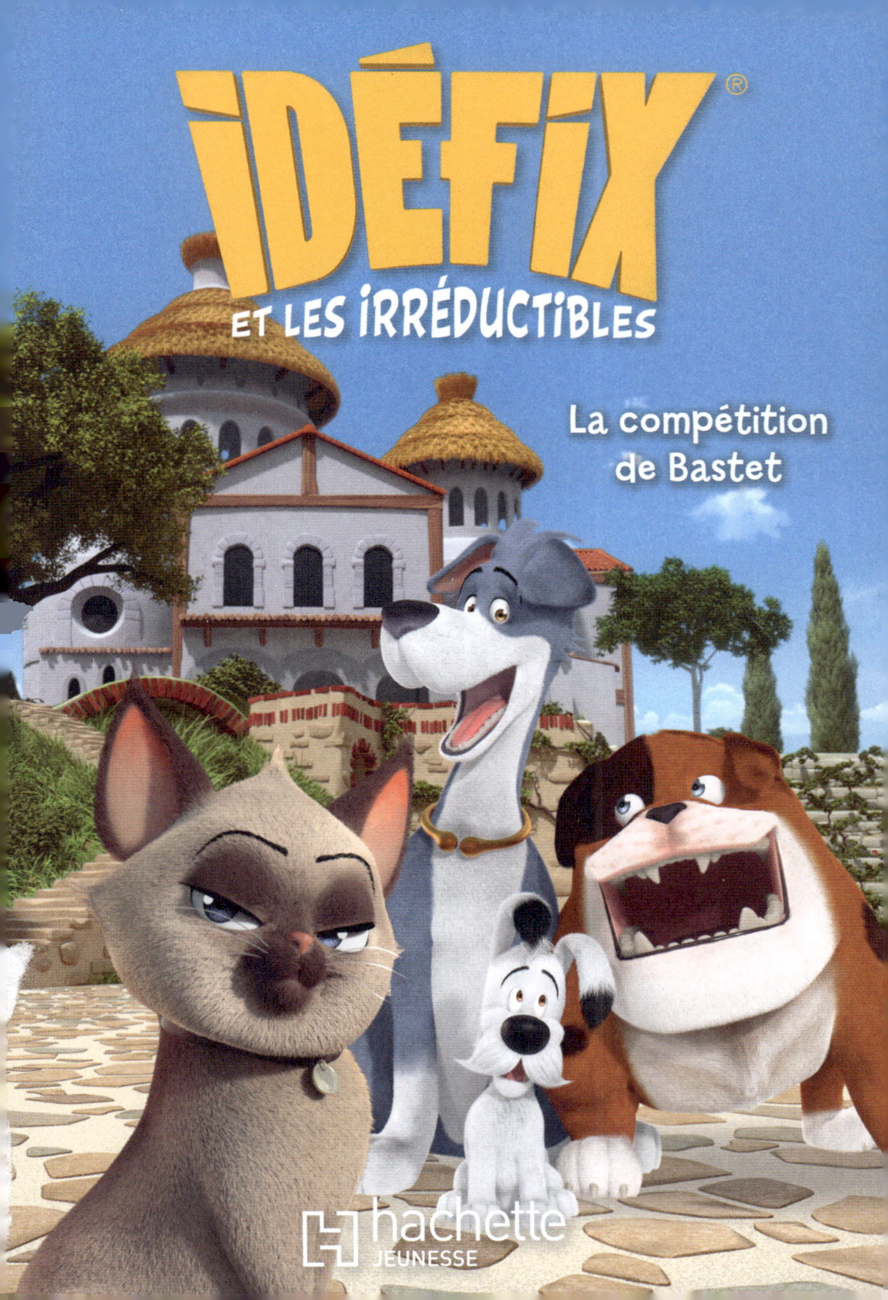
IDÉFIX®
ET LES IRRÉDUCTIBLES
La compétition
de Bastet
hachette
JEUNESSE

Nous sommes en 52 avant J.-C. Tout Lutèce est occupé par les Romains. Tout ? NON ! Une bande d'Irréductibles menés par Idéfix résiste encore et toujours à l'envahisseur...

IDÉFIX

Irréductible Lutéchien connu pour sa fidélité, son courage, son amour de la nature et son allergie aux Romains, il est le chef de la bande !

PADGACHIX

Ce bouledogue originaire de Tolosa (Toulouse) est l'atout « force brute » du groupe. Il se fait remarquer autant par son accent que par sa puissance.

TURBINE

Turbine est la meilleure amie d'Idéfix. Ce dernier l'a prise sous son aile après qu'elle a été abandonnée par ses anciens maîtres.

BARATINE

Baratine est une chatte de gouttière qui n'a pas la langue dans sa poche. Libre comme l'air, elle sait se servir de ses griffes mieux que personne !

ASMATIX

Asmatix est un très vieux pigeon de Lutèce.
Fin connaisseur de l'histoire de la cité, il est le vétéran des luttes gauloises.

VOLDENUIX

Ce drôle de hibou vit dans la forêt avec le druide Amnésix.
Il concocte des potions qui ne marchent jamais comme prévu, mais qui finissent toujours par sauver la mise des Irréductibles !

MONALISA

Dans le palais de son maître, le général romain Labienus, cette chatte siamoise règne telle une Cléopâtre féline sur la légion canine de l'armée, constituée du fier Arquebus et de sa meute de beagles.

Idéfix le sait : sous ses allures de dur à cuire, Padgachix a un cœur gros comme un menhir ! Il serait prêt à tout pour défendre ses amis et il répond toujours présent en cas de besoin. Ce matin-là, sur la place du marché, les deux copains ont droit à un petit déjeuner royal : nonosse et énorme tas de saucisses.

De quoi bien démarrer la journée !

— Hummm ! lâche Idéfix avec gourmandise. Ton maître nous gâte toujours autant !

— Et il ne lésine jamais sur la quantité ! approuve Padgachix.

Soudain, il fait une drôle de tête, un peu comme s'il voyait une apparition. Mais qu'est-ce qui lui prend ?

— Oh, Idéfix, regarde qui est là ! lance-t-il, l'air tout chamboulé.

Son ami se retourne et découvre la petite chienne Vitamine, qui sort de chez elle dans les bras de son maître, Homéopatix. Quand la chienne sourit aux deux amis, Padgachix semble plus heureux que jamais. On s'attendrait presque à le voir s'envoler dans le ciel de Lutèce !

— Tu as vu ça ? demande-t-il. Elle m'a souri ! Boudu ! Elle est folle de moi.

Éperdu de bonheur, il s'affale sur le sol, sous le regard amusé d'Idéfix qui rigole.

C'est vrai : son ami a le cœur gros comme un menhir, tendre comme de la chair à saucisse,

et qui bat pour la jolie Vitamine !

Mais déjà, Homéopatix l'emmène vers le palais, en emportant aussi une magnifique statuette de chat, noire et dorée, aux yeux de rubis…

Perché sur son balcon, le général romain Labienus observe les environs avec un profond dégoût.

— Lutèce ! ronchonne-t-il. Marre de ce trou de province !

En train de somnoler sur le lit, Monalisa pense exactement

la même chose que lui. Cependant, elle a une raison supplémentaire de détester cette cité : la présence d'Idéfix et de ses maudits Irréductibles ! Juste après, Homéopatix surgit avec Vitamine et la statuette.

— *Ave*, général Labienus ! le salue-t-il d'un ton mielleux. À votre service, comme toujours !

— Oui, oui… *Ave*, toi-même ! rétorque avec dédain le Romain, en le rejoignant dans ses appartements. Alors, cette cargaison de marbre que tu m'avais promise, où est-elle ?

— Elle est à l'embarcadère, lui répond Homéopatix, en

s'inclinant. Elle n'attend plus que votre approbation pour être déchargée, votre Immensité.

Cela met Labienus en joie.

— Ha ! Ha ! s'exclame-t-il. Excellent !

Homéopatix lui tend ensuite le cadeau qu'il a apporté spécialement pour lui.

— En attendant, voici un modeste présent : une statuette de la déesse égyptienne, Bastet, dit-il.

— Elle me rappelle ma princesse, déclare affectueusement le général.

— Elle a appartenu à Cléopâtre, précise Homéopatix,

tandis que Vitamine saute à terre. Et selon une légende, elle protégerait celui qui la possède.

Labienus examine l'objet avec intérêt, puis il invite le Gaulois à le suivre à travers la pièce.

— Oh ! Oh ! Une statuette protectrice ! Vous prendrez bien une coupe de lait de chèvre, mon cher, euh…

Impossible de se rappeler son nom.

— Homéopatix, votre Généralissime, indique alors l'intéressé.

Sur le lit, Monalisa s'étire, avant de toiser Vitamine.

— Prends exemple sur ton maître, Lutéchienne, lui ordonne-t-elle. Et prosterne-toi.

— Ah ! Ah ! Ah ! s'esclaffe Vitamine. Arrête avec tes grands airs. Tu fais moins ta maligne devant les Irréductibles !

Monalisa n'en croit pas ses oreilles. Comment cette Lutéchienne de rien du tout ose-t-elle lui parler ainsi ? De quel droit ?

— Quelle impertinente ! fulmine-t-elle.

Pour couronner le tout, au lieu de la supplier de lui pardonner et de se traîner à ses pattes, Vitamine rejoint fièrement son maître qui est en train de partager une coupe avec Labienus. Trop, c'est trop ! Furieuse, la chatte regarde la statuette posée près d'eux, sur un coffre.

— Monalisa, l'appelle soudain la statuette alors que ses yeux rouges s'illuminent.

Une sculpture qui parle – par télépathie, en plus –, comment est-ce possible ? D'abord stupéfaite, Monalisa s'approche finalement de l'objet avec curiosité.

— Monalisa, répète Bastet. Pose une patte sur ma tête.

Lorsque la chatte obéit, ses yeux se mettent eux aussi à rougeoyer. Il se passe autre chose d'étrange : autour d'elle, c'est comme si le temps s'était arrêté. Tout se fige : Labienus et Homéopatix qui s'apprêtaient à trinquer, Vitamine qui se grattait l'oreille au milieu de la pièce.

— Je vois en toi une chatte digne de conquérir la Terre à ma gloire, affirme la statuette. Aussi, moi, Bastet, déesse du Nil, je te confère le pouvoir de soumettre les âmes à ta volonté.

Avec ses yeux, elle projette ensuite un rayon dans ceux de Monalisa.

L'instant d'après, le temps reprend son cours. Labienus cogne sa coupe contre celle d'Homéopatix, avant de boire. Vitamine poursuit sa séance de grattage.

Tous ignorent ce qui vient de se passer entre Bastet et Monalisa…

2
Le plan de Monalisa

Le pouvoir de soumettre les âmes à sa volonté. Vraiment, Monalisa ne pouvait pas espérer mieux, elle qui a toujours rêvé de diriger le monde ! Mais Bastet lui a-t-elle dit la vérité ? Il n'y a qu'un seul moyen de le savoir : essayer tout de suite ce fameux pouvoir !

Ça tombe bien, la proie idéale se trouve justement à proximité : Vitamine, cette irrespectueuse Lutéchienne. Ha, Monalisa va lui faire payer son insolence et plus vite que ça ! Elle s'en frotte déjà les coussinets.

Elle descend du coffre et s'approche de Vitamine.

— Ce n'est pas la peine d'insister, Monalisa, l'avertit aussitôt cette dernière, en se redressant. Jamais je ne m'inclinerai devant toi !

Si son pouvoir est bien réel, la chatte ne compte pas se

contenter de transformer cette Lutéchienne en esclave, non. Elle va également se débarrasser de ses ennemis jurés ! Et pour cela, elle a un plan.

Elle plonge son regard rougeoyant dans celui de Vitamine, qui s'illumine comme le sien.

— Au nom de Bastet, tu vas séduire Idéfix et le conduire aux arènes de Mercurochrome, exige-t-elle. Exécution !

Comme hypnotisée, la chienne répond d'une voix blanche.

— À vos ordres, maîtresse, obéit-elle tandis que ses yeux retrouvent leur couleur habituelle, même s'ils restent écarquillés.

Ah, *maîtresse* ! Quel doux mot aux oreilles de Monalisa ! En tout cas, son pouvoir fonctionne à la perfection. Il n'y a qu'à voir la vitesse à laquelle Vitamine déguerpit pour exécuter sa mission.

Tout juste Homéopatix s'étonne-t-il de son absence, avant de partir à l'embarcadère avec Labienus…

Deuxième étape du plan de Monalisa : se trouver des bras droits qui lui obéiront à la patte et à l'œil ! Des bras droits qui sont pour l'instant enfermés dans le chenil : Arquebus et les

beagles. Monalisa s'y rend de ce pas. Assis autour d'une petite table, les légionnaires Motus et Bouchecousus ont l'air de s'ennuyer ferme. Mais ça ne va pas durer ! La chatte bondit brusquement devant eux.

Et c'est reparti pour les yeux rouges !

— Au nom de Bastet, je vous ordonne de lâcher ces chiens, commande-t-elle.

— À vos ordres, maîtresse, lui répondent les légionnaires.

Maîtresse. Ah, elle ne s'en lassera jamais ! Les soldats s'empressent d'aller ouvrir les cages où étaient enfermés Arquebus ainsi que les beagles Coliéhantipus et Piquéparlépus.

— Vous allez m'accompagner aux arènes de Mercurochrome, leur dit-elle. Objectif : débarrasser Lutèce d'Idéfix ! Car sans lui, adieu les Irréductibles !

Tout contents, les chiens ricanent…

Pendant ce temps, dans le repaire des Irréductibles, Padgachix n'est toujours pas redescendu de son petit nuage… Béat, il se repasse la scène en boucle : comment son regard a croisé celui de

Vitamine, comment elle lui a souri, à lui et rien qu'à lui…

Il s'affale à nouveau sur le sol, ce qui fait bien rire ses amis. Et voilà que, tout à coup, Vitamine apparaît telle une vision de rêve !

— Bon… bonjour, mademoiselle Vermine, balbutie-t-il, avant de se corriger, effaré. Euh, Vitamine.

Ce n'est pas sa faute : en face de la chienne, il perd tous ses moyens ! Mais celle-ci ne lui répond pas. Au lieu de ça,

elle passe devant lui, avant de se diriger droit vers Idéfix, installé sur une chaise.

— Tu viens faire un tour avec moi aux arènes de Mercurochrome, mon Idéfixou? lui demande-t-elle d'un ton enjôleur.

Idéfix est à la fois surpris et intrigué. Cette voix, ce regard, cette attitude. Ça ne ressemble tellement pas à Vitamine ! Sans parler de son « Idéfixou ». Depuis quand lui donne-t-elle ce nom doux ? Décidément, il y a quelque chose qui cloche…

Et il doit tirer les choses au clair !

— Euh, d'accord, Vitamine, accepte-t-il.

— J'ai un petit secret à te confier, ajoute-t-elle.

Quand il entend ça, Padgachix sent son cœur gros comme un menhir se briser en morceaux. Alors, ce n'est pas lui que Vitamine apprécie, mais Idéfix ? Perchée sur une poutre, Baratine ne manque pas d'être étonnée, elle non plus.

— Dites donc, elle se dévergonde, notre petite bourgeoise ! commente-t-elle.

— Elle n'est pas dans son état normal, lui murmure Idéfix. Je vais l'accompagner aux arènes pour voir ce qu'il se passe.

Sur ces mots, il sort du repaire avec Vitamine…

3

Droit dans le piège !

Le cœur en miettes, Padgachix regarde sa belle s'en aller avec un autre que lui. Comme si ce n'était pas déjà assez difficile d'être ignoré par Vitamine, voilà qu'Idéfix accepte son invitation ! Pourtant, Idéfix connaît les sentiments de Padgachix à l'égard de la jolie chienne, non ? Il aurait dû refuser.

— Ah, je ne savais pas qu'Idéfix et Vitamine étaient ensemble ! lance naïvement Turbine.

— Hein ? Quoi ? s'affole son ami.

— Mais non, ce n'est pas ce que tu crois, tente de le rassurer Baratine.

Submergé par la jalousie, Padgachix ne l'écoute pas.

— Et c'est quoi, ce secret qu'elle veut confier à Idéfix ? Une déclaration d'amour ? imagine-t-il en frappant le sol avec l'une de ses pattes avant. Ah, ils m'ont bien eu, tous les deux, avec leur air innocent ! Il faut que j'en aie le cœur net, Bouduuu !

Ce cri prouve qu'il est vraiment très, très en colère.

Baratine veut le retenir, mais il est trop tard. Leur ami sort du repaire tel un boulet de canon…

Il ne lui faut que quelques minutes pour atteindre les arènes de Mercurochrome… où l'attend Arquebus, caché près de l'entrée ! Quand celui-ci lui fait un croche-patte, Padgachix s'affale lourdement, le nez dans la poussière.

— Aaaah ! s'écrie-t-il. Boudu, c'était un piège !

Coliéhantipus et Piquéparlépus surgissent à leur tour dans

l'arène. Les trois chiens romains se jettent aussitôt sur Padgachix qui s'écarte pour les esquiver. Résultat : ses adversaires retombent tête la première sur le sol.

Paf !

C'était si facile que Padgachix ne peut s'empêcher de rigoler.

Furieuse, Monalisa apparaît.

— Grrr ! Incapables ! Il va falloir que je me salisse les coussinets !

Ah, ce qu'elle peut détester la poussière et la saleté de l'arène ! Sa place à elle est dans les gradins – et sur un gros coussin, cela va sans dire ! Mais bon, puisque ces trois bons à rien ont échoué, il faut bien qu'elle prenne les choses en main.

Les yeux rougeoyants, elle bondit devant Padgachix, qui se met à grogner.

— Au nom de Bastet, je t'ordonne de capturer Idéfix et sa bande !

En un instant, Padgachix se retrouve hypnotisé. Et une victime de plus, une !

L'instant d'après, Idéfix arrive avec Vitamine. Il découvre alors avec stupeur Monalisa et Padgachix qui se regardent l'un l'autre de leurs yeux rouges. Quelle scène étrange ! En tout cas, Idéfix a la confirmation que quelque chose ne tourne pas rond. Quoi exactement ? Mystère…

— Par Bononos ! s'exclame-t-il. Mais qu'est-ce qu'il se passe ici ?

Le cœur serré de voir son ami transformé en ennemi, Idéfix n'a pourtant pas le choix : il s'enfuit à toutes pattes. Poursuivi, il ne tarde pas à retrouver Turbine et Baratine qui l'attendaient à proximité.

— Vite ! leur crie-t-il. Il ne faut pas traîner !

En effet, Padgachix surgit déjà sur le pont, derrière lui.

— Au nom de Rome, rendez-vous ! ordonne-t-il de sa voix étrange.

— Au nom de Rome ? s'égosille Baratine, qui n'aurait jamais cru entendre un jour ces mots sortir de la bouche de son ami. Qu'est-ce qu'il lui arrive ?

Lorsque les chiens romains et Vitamine le rejoignent en grondant, Baratine se met à feuler, toutes griffes dehors.

— Laisse tomber, lui conseille Idéfix. On n'a aucune chance. On file et on se retrouve chez Voldenuix.

Zou ! il bondit sur Turbine, tandis que Baratine déguerpit de son côté…

Quelques minutes plus tard, Idéfix et Turbine rejoignent Baratine devant la hutte d'Amnésix. Puis ils racontent ce qu'il s'est passé à Voldenuix, perché sur sa branche. Si quelqu'un peut les éclairer sur toute cette histoire, c'est bien lui !

— Et lorsque Monalisa a envoûté Vitamine et Padgachix, elle a invoqué Bastet, poursuit Idéfix.

À moitié endormi, le hibou bâille à s'en décrocher le bec.

— Si vous voulez, je peux vous fabriquer une potion

pour les désenvoû-hou-hou-ter ! hulule-t-il.

— On n'aimerait mieux pas, réplique Baratine. La situation est trop grave pour prendre des risques avec les fameuses potions « surprises » de Voldenuix. Heureusement, le hibou ne semble pas se vexer.

— On veut juste savoir qui est Bastet, précise Idéfix.

— Bastet, tu dis ? s'étonne son ami, qui se met à réfléchir et à bâiller en même temps. Hum, ça y est !

Il rapporte ce qu'il sait. Une fois, son maître Amnésix a parlé de Bastet lors d'une réunion dans la forêt des Carnutes. Cette déesse est vénérée par Cléopâtre, qui a fait sculpter une statuette à son effigie. Une statuette magique capable de contrôler les esprits ! C'est

grâce à elle que la reine d'Égypte s'assure de la loyauté de ses soldats.

Tandis qu'après ses explications, le hibou bâille encore une fois, un souvenir traverse l'esprit d'Idéfix.

— Par Bononos ! s'exclame-t-il. Ce matin, j'ai vu cette sculpture entre les mains d'Homéopatix ! C'est de cette statuette que Monalisa tient son pouvoir.

Homéopatix a dû offrir cet objet en cadeau à Labienus ! Ensuite, la statuette a transmis son pouvoir magique à Monalisa, qui se fait une joie de s'en servir contre ses ennemis – autrement dit, contre les Irréductibles. Rien d'étonnant ! Elle ferait n'importe quoi pour se débarrasser d'eux.

— Ouaaah, c'est dingue ! intervient Turbine, avant d'ajouter : Je n'ai rien compris.

Mouais, ça aurait étonné Baratine, aussi. Mais peu importe. Idéfix a une idée !

— On va s'introduire dans le palais de Labienus et détruire la statuette.

Ha, on verra si Monalisa fera autant la fière sans son

précieux pouvoir ! En attendant, direction le palais de la Louve… devant lequel les chiens romains et Padgachix montent la garde. S'introduire à l'intérieur ne va pas être facile.

Mais il en faudrait plus pour décourager Idéfix et ses deux

amies. Ce dont ils ont besoin, c'est une diversion… Comme Idéfix qui arrive en trombe, perché sur Turbine !

— Youhou, on est là ! nargue-t-il.

— Attrapez-les, ordonne lentement Padgachix, toujours hypnotisé.

Hop, Turbine détale comme une fusée, pourchassée par Padgachix, Arquebus et compagnie. La voie est libre ! Cachée derrière un étal du marché, Baratine en profite pour se faufiler, ni vu ni connu, à l'intérieur du palais. Puis elle pénètre sans bruit dans les appartements de

Labienus. Dissimulée derrière un pilier, elle découvre Monalisa confortablement installée sur un siège, près de Vitamine qui remue une feuille de palmier pour l'éventer.

Une vraie impératrice à moustaches !

Mais ce n'est pas elle qui intéresse Baratine. C'est la statuette posée sur le coffre. La chatte s'en approche discrètement, quand soudain les yeux rougeoyants de la sculpture s'éclairent ! Celle-ci se met ensuite à lui parler par télépathie.

— Baratine, l'appelle-t-elle. Pose une patte sur ma tête.

À peine la féline gauloise la touche-t-elle que ses yeux s'illuminent à leur tour.

— Baratine, répète la sculpture. Moi, Bastet, je te confère le pouvoir de soumettre les âmes à ta volonté.

Zip ! Elle projette un rayon dans les yeux de Baratine, qui secoue la tête comme si de rien n'était. Soumettre les âmes, et puis quoi encore ? Personne ne peut lui dire quoi faire, pas même une déesse égyptienne !

— Pff ! Il n'est pas encore né celui qui sera capable de me commander. Merci pour le pouvoir, et adieu Bastet !

D'un coup de pattes arrière, elle projette la statuette sur le sol dans le but de la briser. Mais l'objet demeure intact ! En revanche, le bruit attire l'attention de Monalisa. La chatte romaine redresse la tête et

aperçoit subitement Baratine. Une Irréductible, ici ! Comment a-t-elle osé ?

— Vitamine, attaque ! ordonne-t-elle.

La chienne se précipite vers Baratine, qui a subitement une idée. Puisque Bastet lui a généreusement offert un cadeau, autant s'en servir, non ?

— Essayons notre nouveau pouvoir, décide la chatte, les yeux lumineux. Au nom de Bastet, je te libère de l'envoûtement de Monalisa.

Le regard de Vitamine se met à rougeoyer, avant de s'éteindre. Elle n'est plus sous l'emprise de l'envoûtement.

— Où suis-je ? demande-t-elle, comme si elle sortait d'un rêve.

Ah, Baratine n'est pas peu fière de son plan ! Seulement, Monalisa n'a pas dit son dernier mot, et pour cause : elle aussi possède le fameux pouvoir ! Elle descend de son siège, avant de s'approcher de Vitamine.

— Au nom de Bastet, je t'ordonne de m'obéir !

Et zou, elle ensorcèle de nouveau la chienne, qui se retourne ensuite vers Baratine en montrant les crocs. Place à la bataille de sorts !

— Au nom de Bastet, j'annule ton envoûtement ! lance Baratine.

— J'annule ton désenvoûtement ! prononce aussitôt Monalisa.

— J'annule ton ré-envoûtement ! rectifie l'instant d'après Baratine.

Prise entre les deux rivales, la pauvre Vitamine a les yeux qui s'éclairent et qui s'éteignent successivement comme des clignotants. Envoûtée. Désenvoûtée. Envoûtée. Désenvoûtée. Seule

Bastet saurait peut-être combien de temps cela peut durer…

De leur côté, Padgachix et les chiens romains continuent de pourchasser Turbine et Idéfix. Parvenu sur un pont, celui-ci décide que leur petit jeu a assez duré. Ils doivent aller donner un coup de patte à Baratine !

— Il est temps de nous débarrasser d'eux, décrète Idéfix.

Aussitôt dit, aussitôt fait. Courant à toute vitesse autour de leurs poursuivants, Turbine crée une mini-tornade qui les emporte dans les airs. Plouf ! Ils plongent dans la Seine.

Un peu d'eau fraîche, ça n'a jamais fait de mal à un chien ! Idéfix et Turbine les laissent barboter tranquillement et filent retrouver Baratine. À leur arrivée au palais, ils découvrent leur amie et Monalisa en plein duel de sortilèges, avec, figée au milieu, la

pauvre Vitamine dont les yeux clignotent à tout va et qui n'a pas l'air d'être au mieux de sa forme.

— Je ré-annule ton ré-envoûtement ! fulmine Baratine.

— Je ré-ré-annule ton désenvoûtement ! intervient furieusement Monalisa.

— Je ré-ré-annule ton ré-envoûtement ! ajoute tout de suite son adversaire.

Cette scène étrange laisse Turbine complètement perplexe.

— À quoi elles jouent, Idéfix ? lui demande-t-elle.

Pour être franc, son ami ne le sait pas vraiment, lui non plus. En revanche, il sait qu'il doit arrêter ça, et vite !

— Ne bouge pas, répond-il en repérant un gros pot sur la table située juste derrière Monalisa. J'ai une idée !

Alors que les deux chattes poursuivent leur bataille d'en-voûtement-désenvoûtement-ré-envoûtement et ainsi de suite, Idéfix grimpe sur la table. Puis il laisse tomber le pot à l'envers sur la tête de Monalisa, qui n'y voit plus rien.

— Hé ! Hé ! Hé ! rigole-t-il.

Hop, il envoie la chatte et son vase droit dans un coffre, avant de refermer le couvercle.

Maintenant, il n'y a plus qu'à s'occuper de la statuette !

5 — Adieu, Bastet !

Bien décidés à se débarrasser de cette maudite statuette une bonne fois pour toutes, Idéfix et Baratine vont la jeter du haut du balcon. Mais après une chute de plusieurs mètres, la sculpture atterrit sur le sol sans se briser ! Elle semble incassable !

Et voilà que ses yeux s'allument et qu'elle se met à léviter !

Elle vole jusqu'au balcon.

— Houlà, ça ne sent pas bon ! comprend Baratine, qui se tourne vers ses amis. Planquez-vous !

Ils s'empressent de rentrer dans les appartements, pour-

chassés par la statue de Bastet.

— Tu m'as trahie, Baratine ! s'emporte celle-ci.

Lorsqu'elle se met à les mitrailler avec des rayons, Baratine se dit que Bastet n'est vraiment pas contente ! Sauve qui peut ! La sculpture volante poursuit la chatte et Idéfix à travers les appartements. Zip ! Zip ! Zip ! Les rayons fusent ! Comment arrêter ça ? Soudain, dans sa course, Idéfix entrevoit quelque chose du coin de l'œil : le bouclier métallique

de Labienus, posé contre un mur. Il remarque surtout que les rayons de Bastet ricochent dessus !

— J'ai une idée, affirme-t-il.

Revenus de leur petite baignade dans la Seine, Padgachix et les chiens romains choisissent cet instant pour débarquer.

— Qu'est-ce qu'il se passe ici ? gronde Arquebus.

Mitraillé par les rayons de Bastet, il se cache derrière un pilier, avant de recevoir une statue de Monalisa sur la tête. Paf ! Le chien romain s'évanouit. Idéfix profite de cette diversion pour aller se glisser derrière le bouclier avec Baratine et tenter de le déplacer.

— Ah, c'est trop lourd ! fait remarquer la chatte.

De son côté, Padgachix pourchasse Turbine sur le balcon.

— Je ne te veux aucun mal, lui dit-elle gentiment.

— C'est ça, rétorque-t-il, toujours sous l'emprise de l'envoûtement. Cours toujours, Gauloise !

Pour Turbine, c'est vraiment étrange de devoir fuir devant son ami !

Pendant ce temps, Idéfix appelle Vitamine à la rescousse afin qu'elle les aide, lui et Baratine. À eux trois, ils parviennent finalement à faire rouler le bouclier à travers la pièce. Caché derrière avec ses amies, Idéfix interpelle la statue :

— Hé, Bastet, arrête de nous prendre la tête !

— Tu vas rejoindre tes ancêtres, petit chien ridicule ! le menace la statuette.

Elle vient planer devant le bouclier, avant de le mitrailler. Mais après avoir ricoché sur le métal, le redoutable rayon retourne aussitôt à son envoyeur ! Et bam ! La sculpture explose ! Adieu, Bastet ! Elle ne prendra plus jamais la tête de qui que ce soit !

— Je ne suis ni petit ni ridicule, clame Idéfix.

Qu'on se le dise !

L'instant d'après, tous les envoûtements s'annulent, et les victimes reprennent leurs esprits. Y compris Padgachix, qui agit pile au bon moment pour aider ses amis. Paf, il envoie deux beagles au tapis, juste comme ça !

— La voie est libre, annonce-t-il. Allons-y !

Ses copains ne se le font pas dire deux fois…

Après leur départ, Arquebus reprend connaissance. Affolé, il découvre alors le capharnaüm qui règne autour de lui. Puis il entend sa cheffe miauler dans le coffre. Il se dépêche d'aller soulever le couvercle pour la libérer.

— Privé de gamelle pendant une semaine ! hurle-t-elle, au grand désespoir d'Arquebus.

Une semaine, ça va être si looong…

De retour de l'embarcadère avec Homéopatix, le général Labienus n'en croit pas ses yeux. Premièrement, ses appartements sont tout sens dessus dessous. Et deuxièmement, la statuette de Bastet est en miettes. Sauf sa tête.

— Ta prétendue statuette protectrice n'a même pas réussi à se protéger elle-même ! rugit-il. Hors de ma vue !

Le Gaulois décampe sans demander son reste…

Quoi de mieux qu'un festin pour célébrer une victoire ? Selon Idéfix : rien ! Mais ce qui est le plus chouette, c'est encore de partager ce bon repas avec les autres Irréductibles et Vitamine.

— Par Toutoutatis, j'ai failli tourner romain et vous transformer en chair à saucisse, se reproche Padgachix, devant une montagne de saucisses justement. Tout ça parce que j'étais jaloux d'Idéfix ! La honte.

Le pauvre a l'air vraiment désolé ! Prêt à savourer un

appétissant tas d'os, Idéfix sourit.

— Oui, mais grâce à ta jalousie, je n'ai pas été envoûté ! rappelle-t-il. Alors merci, mon ami !

C'est vrai, sans l'intervention de Padgachix, Idéfix serait tombé dans le piège tendu par Monalisa. Et Vitamine semble d'accord avec lui. Lorsqu'elle décoche un clin d'œil complice à Padgachix, celui-ci sent son cœur fondre comme saucisse au soleil…

Pensive devant son assiette de poissons, Baratine a quand même un regret.

— Ah, comme j'aimerais avoir gardé le pouvoir donné par la statuette ! Dire qu'à moi toute seule…

Elle se redresse brusquement et affiche une expression quelque peu effrayante.

— … J'aurais pu conquérir la Gaule et devenir impératrice ! crie-t-elle.

Ses amis la regardent avec des yeux ronds comme des gamelles.

— Ha ! Ha ! s'esclaffe-t-elle. Ah, vous verriez vos têtes ! Je vous ai bien fait marcher ! Ha ! Ha !

Ses amis éclatent de rire, eux aussi. Pour Idéfix, pas de doute : quand on est capable de défier une déesse égyptienne, c'est qu'on est une vraie Irréductible.

Bravo, Baratine !

FIN

Les as-tu tous lus ?

Idéfix
et les irréductibles

Retrouve très bientôt Idéfix dans une nouvelle aventure !

TABLE

RETROUVEZ TOUTE LA COLLECTION BD D'IDÉFIX ET LES IRRÉDUCTIBLES EN LIBRAIRIE !

TOME 7 À PARAÎTRE EN SEPTEMBRE

Rejoignez-nous sur la chaîne Youtube *Idéfix et les Irréductibles*, sur la page Facebook Astérix et Obélix, sur Instagram @lartdasterix et sur Twitter @asterixofficiel pour ne rien manquer de l'actualité *Idéfix*.